Grands Événements | numéro 24

LA GUERRE CIVILE ESPAGNOLE,
BERCEAU DU FRANQUISME

— Les 1 000 jours d'une lutte fratricide

par Hadrien Nafilyan

50MINUTES

Avec la collaboration de Thomas Jacquemin

LA GUERRE CIVILE ESPAGNOLE

- **Quand ?** De 1936 à 1939.
- **Contexte ?** Les tensions entre la droite réactionnaire et la gauche révolutionnaire dans une Espagne chancelante depuis le XIXᵉ siècle, et l'assassinat du chef monarchiste José Calvo Sotelo (1893-1936).
- **Belligérants ?** Les nationaux, également connus sous le nom de franquistes, contre les républicains.
- **Acteurs principaux ?**
  - Francisco Largo Caballero (1869-1946), chef du Gouvernement de 1936 à 1937.
  - Manuel Azaña (1880-1940), président de la République de 1936 à 1939.
  - Francisco Franco (1892-1975), général et homme d'État espagnol.
  - Juan Negrín (1892-1956), chef du Gouvernement de 1937 à 1939.
- **Issue ?** Victoire de Franco et du mouvement national.
- **Bilan ?** La guerre a coûté la vie à près de 300 000 personnes, sans compter les victimes de la répression organisée après la guerre.
- **Répercussion ?** La mise en place de la dictature de Franco.

La guerre civile espagnole oppose de 1936 à 1939 les républicains, partisans d'une Espagne progressiste et libérale, voire révolutionnaire, aux nationaux, favorables à un régime traditionnel et conservateur à tendance fasciste. Elle est l'aboutissement de tensions politiques et sociales profondes nées au XIXᵉ siècle et exacerbées à partir des années vingt que ni la chute de la monarchie en 1931 ni la Seconde République (1931-1936) ne parviennent à enrayer. Au contraire, la fragilité des nouvelles institutions et le climat international délétère des années trente contribuent à radicaliser la vie politique, si bien que l'armée tente en 1936 de renverser le Front populaire (alliance des partis de gauche) porté au pouvoir quelques mois plus tôt.

Le général Franco prend rapidement la tête des nationaux et instaure une dictature personnelle, qui perdure après sa victoire en 1939. Le camp républicain est quant à lui plus divisé. Seules se détachent réellement les figures de Manuel Azaña, président de la République de 1936 à 1939, de Francisco Largo Caballero, chef du Gouvernement de septembre 1936 à mai 1937, et de son successeur Juan Negrín.

Le conflit prend rapidement une dimension internationale, et si l'Angleterre et la France refusent de s'y impliquer, Joseph Staline (1878-1953) d'une part, Adolf Hitler (1889-1945) et Benito Mussolini (1883-1945) d'autre part, soutiennent respectivement les républicains et les nationaux, au point que certains historiens n'ont pas hésité à dire qu'il s'agissait là de la répétition générale du second conflit mondial à venir.

CONTEXTE

UNE RÉPUBLIQUE MALMENÉE

La guerre civile éclate alors que le contexte national et international est particulièrement instable. Constitutionnelle depuis 1874, la monarchie n'est plus que l'ombre d'elle-même en 1923 sous la dictature de Miguel Primo de Rivera (1870-1930), avant que, à la suite de la victoire aux élections municipales des républicains, la Seconde République ne soit proclamée le 14 avril 1931. En cinq ans, la majorité change trois fois de camp : ce que la gauche fait de 1931 à 1933, la droite tâche de le défaire de 1934 à 1935, avant que la gauche ne parvienne à récupérer le pouvoir en 1936 grâce au Front populaire. L'accession de la gauche au pouvoir exacerbe les tensions, et les extrémistes des deux camps deviennent de plus en plus violents.

La Seconde République est loin de faire l'unanimité, aussi bien à droite qu'à gauche. Les clivages entre les deux groupes politiques, ainsi qu'entre les républicains et ceux qui sont opposés à ce type de régime, sont trop importants pour qu'un terrain d'entente soit trouvé. Toutefois, lors des crises graves telles que le sera la guerre civile, c'est l'opposition entre la gauche et la droite qui prévaut sur toute autre.

Parmi les républicains se trouvent les partis réformistes et modérés de centre droit et de centre gauche, auquel appartient Manuel Azaña. Le PSOE (Parti socialiste ouvrier espagnol) et son syndicat l'UGT (Union générale des travailleurs) le sont également pendant un temps, avant de se laisser aller à la tentation révolutionnaire à partir de 1933, sous l'influence de Francisco Largo Caballero. Enfin, la CEDA (Confédération espagnole des droites autonomes), parti catholique et conservateur fondé en 1932 par José María Gil-Robles (1898-1980) afin de contrebalancer le poids électoral de la gauche, joue le jeu de la légalité.

Les antirépublicains sont également très puissants. Les anarchistes sont regroupés au sein de la FAI (Fédération anarchiste ibérique) et de la puissante CNT (Confédération nationale du travail) qui revendique près de 1 600 000 membres en 1936. Révolutionnaires, partisans d'une collectivisation radicale, ils rejettent clairement la république, tout comme le POUM (Parti ouvrier d'unification marxiste), parti communiste antistalinien fondé en 1935 et dirigé par Andreu Nin (1892-1937). La position du PCE (Parti communiste espagnol), encore relativement modeste – il ne compte que 100 000 membres en 1936 – est plus ambiguë : elle fluctue en fonction des intérêts de l'Internationale communiste et de l'URSS. De l'autre côté de l'échiquier politique, les monarchistes convaincus n'ont que peu de considération pour la république. Il en va de même pour la Phalange espagnole, un petit parti d'inspiration fasciste né en 1934 de la fusion de la Phalange de José Antonio Primo de Rivera (1903-1936) et de la Junte d'offensive nationale-syndicaliste (JONS).

DES APPELS À LA VIOLENCE

Dès 1935, certaines personnalités politiques refusent toute négociation avec les partis adverses. C'est pourquoi José Antonio Primo de Rivera affirme qu'« [ils n'ont] pas d'autre choix que d'aller à l'insurrection » et qu'il est de « [leur] devoir d'aller à la guerre civile ». Largo Caballero lui-même annonce avant les élections de février 1936 qu'« en cas de victoire des droites [...], [ils devront] nécessairement en venir à la guerre civile ouverte » (BENNASSAR (Bartolomé), *La guerre d'Espagne*, Paris, Perrin, 2004, p. 51).

UNE SOCIÉTÉ SOUS TENSION

Le Gouvernement de gauche du *Primer bienio* de la Seconde République espagnole (les « deux premières années », 1931-1933) lance de grandes réformes dans le but de laïciser et de réduire les disparités existantes dans la société, en procédant d'une part à la séparation de l'Église et de l'État, à l'instauration du mariage civil et à la légalisation du divorce, et d'autre part à la réforme agraire, destinée à mieux répartir les terres au sein de la population en fractionnant les grandes propriétés contre des indemnités. Il accorde également l'autonomie à la Catalogne. De telles mesures, redoutées par la droite et attendues de longue date par la gauche, suscitent la colère des uns et le mécontentement des autres, qui jugent que les réformes entreprises ne vont pas assez loin.

DES CONDITIONS DE VIE DIFFICILES

La pauvreté règne en maître en Espagne, et ce particulièrement dans les campagnes qui comptent deux millions de journaliers sans terre. Par ailleurs, 30 % de la population est analphabète. Le développement des régions industrielles (dans les Asturies, au Pays basque et en Catalogne notamment) s'accompagne de conditions de vie difficiles pour les prolétaires, tandis que l'essor économique réel, enrayé par la Grande Dépression (1929-1939), n'est pas suffisant pour compenser l'absence de réformes sociales de fond et l'accroissement de la population, qui passe de 19 millions en 1900 à 24 millions 30 ans plus tard.

Outre de nombreuses grèves, les anarcho-syndicalistes se révoltent à plusieurs reprises, notamment en Catalogne et en Andalousie. Ces émeutes sont sévèrement réprimées : en janvier 1933, à Casas Viejas (Cadix), six paysans révoltés, parmi lesquels des femmes et des enfants, meurent brûlés dans leur maison incendiée par la police, et 12 autres sont exécutés. Mais l'insurrection la plus importante a lieu dans les Asturies en octobre 1934, sous la coalition gouvernementale de droite du *Segundo bienio* (les « deux années suivantes »,

1934-1935). Déclenchée par les socialistes à la suite de l'entrée dans le Gouvernement de trois membres de la CEDA (Confédération espagnole des droites autonomes), elle dure deux semaines, au cours desquelles les insurgés s'emparent d'une grande partie de la province minière. Malgré les consignes, de nombreuses exactions sont commises (pillages, destructions, meurtres), la plus marquante étant l'assassinat de 34 membres du clergé. Les généraux Manuel Goded (1882-1936) et Francisco Franco sont chargés de la répression, qui fait 1 000 morts. Parfois considéré comme le prélude de la guerre civile, cet épisode accentue en tout cas lourdement les crispations politiques.

LE TRIOMPHE DES RÉGIMES TOTALITAIRES

La conjoncture internationale est tout aussi déplorable et n'aide en rien l'Espagne à apaiser ses dissensions internes. La Grande Dépression, née de la crise économique qu'ont connue les États-Unis en 1929, frappe l'Espagne au début des années trente, provoquant entre autres une hausse du chômage. Mais c'est surtout le contexte politique qui contribue à renforcer les tensions préexistantes. Les différents courants politiques espagnols tendent à chercher leurs modèles dans une Europe où s'affirment des régimes autoritaires, voire totalitaires, élaborés par des chefs aux idéologies antidémocratiques, violentes et radicales. La grande référence de la gauche révolutionnaire est l'URSS, celle de Lénine (1870-1924) pour les anarcho-syndicalistes et le POUM, celle de Staline pour le PCE – lui-même membre de l'Internationale communiste ou Komintern. L'Italie de Mussolini inspire quant à elle une petite partie de la droite, comme la Phalange, mais son idéologie moderniste et son caractère populiste, militariste et quelque peu païen suscitent la méfiance d'une droite largement traditionnelle et catholique.

L'arrivée au pouvoir d'Hitler en 1933 et le développement du fascisme d'une part, l'expansion du Komintern et l'intensification de la politique staliniste en URSS d'autre part, radicalisent les positions espagnoles qui accusent respectivement le camp adverse de bolchevisme et de fascisme. Aux causes nationales, déjà importantes, s'ajoutent donc les raisons internationales qui exacerbent plus encore des tensions anciennes et profondes.

ACTEURS PRINCIPAUX

FRANCISCO LARGO CABALLERO, CHEF DU GOUVERNEMENT DE 1936 À 1937

L'engagement politique

Francisco Largo Caballero naît en 1869 à Madrid dans une famille modeste. Ouvrier en bâtiment, il adhère à l'UGT en 1888 et au PSOE en 1894. Il est condamné à la prison en 1917 pour avoir participé aux grèves qui secouent alors le pays, avant d'être élu aux Cortes (une assemblée politique espagnole) l'année suivante. Secrétaire général de l'UGT depuis 1918, puis président du PSOE en 1932, il devient ministre du Travail sous la Seconde République. Il se radicalise au cours de ces années, au point d'être surnommé le Lénine espagnol et d'inspirer l'insurrection d'octobre 1934 aux Asturies.

Le chef de guerre

Quelques semaines après le putsch de juillet 1936, il est nommé chef du Gouvernement et ministre de la Guerre. Il s'efforce alors de discipliner l'armée et de faire respecter l'autorité du Gouvernement dans la zone républicaine, mais il se trouve bientôt en butte aux intrigues du PCE qui souhaite prendre la direction des opérations, et est forcé de démissionner au printemps 1937. Il s'exile en France à la suite de la défaite des républicains, et est arrêté puis déporté par les Allemands en 1940. Libéré par l'URSS, il meurt à Paris en 1946.

MANUEL AZAÑA, PRÉSIDENT DE LA RÉPUBLIQUE DE 1936 À 1939

Un républicain convaincu

Né en 1880 dans la région de Madrid au sein de la haute bourgeoisie, Manuel Azaña Diaz est cofondateur en 1913 de la Ligue d'éducation politique destinée à sensibiliser les Espagnols à la démocratie parlementaire, et collabore à la revue d'opposition *España* aux côtés des plus grands intellectuels de son temps. Admirateur de la république à la française, il est l'un des porte-parole de l'opposition modérée sous la dictature de Primo de Rivera, puis devient chef du Gouvernement lors de la proclamation de la Seconde République, qu'il entend gouverner « par la raison ».

L'incarnation de la République

> « Azaña était incontestablement l'homme clé du nouveau régime, le plus remarquable par sa culture et ses dons d'orateur, en dépit d'une apparence physique peu séduisante. » (BENNASSAR (Bartolomé), *ibid.*, p. 41)

Il entreprend les grandes réformes de laïcisation et d'éducation de la société, et entame la réforme agraire. Vaincu par la droite en 1933, il conduit le Front populaire à la victoire en février 1936 avant de devenir président de la République en mai de la même année. Quoique sans influence réelle, il occupe son poste jusqu'à la fin de la guerre civile, puis s'exile à Montauban (France) où il meurt en 1940.

FRANCISCO FRANCO, GÉNÉRAL ET HOMME D'ÉTAT ESPAGNOL

Une brillante carrière militaire

Francisco Franco Bahamonde naît en 1892 à Ferrol en Galice. Issu de la bourgeoisie moyenne et conservatrice, il suit la tradition familiale en embrassant une carrière militaire, qui le conduit à participer en 1912 aux guerres du Maroc et à la création de la Légion espagnole, également appelée *Tercio de extranjeros* (« bataillon d'étrangers »), en 1920. Son action au cours de la répression de la révolte d'Abd el-Krim (1882-1963) au Maroc lui vaut d'être promu général à 34 ans. Sous la Seconde République, contre laquelle il ne s'oppose a priori pas, il garde ses distances avec les conspirateurs. Il finit toutefois par se laisser convaincre et participe à l'insurrection de juillet 1936, dont il prend la tête quelques semaines plus tard.

La dictature

À la fin de la guerre, celui que l'on surnomme le *Caudillo* (« chef ») devient officiellement chef de l'État. Il instaure une dictature personnelle, d'abord dure et très répressive, avant d'assouplir sa politique. Il meurt en 1975, après avoir nommé six ans plus tôt Juan Carlos de Bourbon (né en 1938) comme successeur. D'une personnalité relativement ordinaire, Franco n'a pas d'autres idées sur le monde et les événements qui se produisent que celles de la plupart des Espagnols issus du même milieu que lui. Militaire pragmatique, catholique conservateur, attaché à l'unité et à la grandeur de l'Espagne historique, il se méfiera toujours des idéologies nouvelles et violentes telles que celles prônées par le fascisme et le nazisme.

JUAN NEGRÍN, CHEF DU GOUVERNEMENT DE 1937 À 1939

Une carrière prometteuse

Né aux Canaries en 1892, Juan Negrín est chercheur et professeur en physiologie avant d'intégrer le PSOE en 1929 et de devenir député deux ans plus tard. Partisan d'un socialisme modéré, il prend la tête du PSOE à la suite de l'insurrection des Asturies en 1934, Largo

Caballero ayant été incarcéré en raison de sa participation active au soulèvement. Ministre des Finances durant les six premiers mois de la guerre, il organise le transfert en URSS d'une part importante de la réserve d'or de la Banque d'Espagne.

L'homme de Moscou ?

Lors de la crise qui affecte le camp républicain au printemps 1937, il est le candidat choisi par les communistes pour être à la tête du Gouvernement, où il est effectivement nommé. Son rôle pendant la guerre est ambigu : on l'accuse d'avoir servi les intérêts de l'URSS contre ceux de la révolution espagnole, en ayant renforcé le pouvoir central au détriment des anarcho-syndicalistes et en s'étant allié à la bourgeoisie. Chef du Gouvernement de la République en exil à la fin de la guerre, il s'installe à Paris où il meurt en 1956.

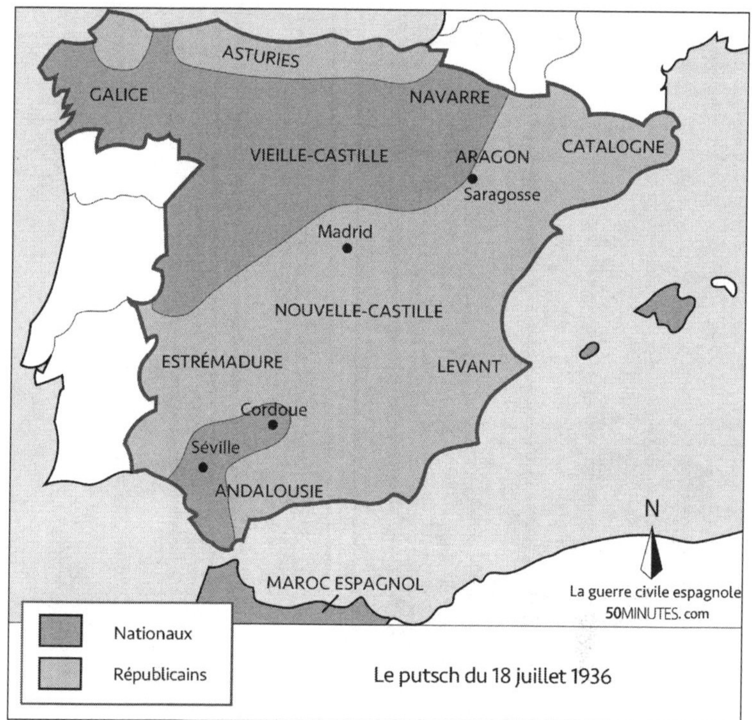

L'offensive des nationaux

L'Andalousie est rapidement soumise par les nationaux, qui cherchent désormais à faire la jonction entre l'armée du sud et l'armée du nord commandée par Emilio Mola, principal organisateur du coup d'État. Franco, qui dirige les opérations au Maroc, doit dès lors faire traverser à ses troupes le détroit de Gibraltar défendu par la marine, restée en grande partie fidèle à la République. Il y parvient en mettant en place le premier pont aérien de l'histoire, avec l'aide de l'aviation allemande et italienne. Fin septembre 1936, alors que le chef présumé de la rébellion, José Sanjurjo (1872-1936), a perdu la vie lors d'un accident d'avion, Franco est déclaré chef de l'État et général en chef des armées par les insurgés.

<u>Les cadets de l'Alcazar</u>

Le mythe des cadets de l'Alcazar trouve son origine dans la résistance de jeunes élèves de l'école militaire, retranchés dans la forteresse de l'Alcazar de Tolède durant deux mois suite au siège mené par des républicains. Mais cette vision franquiste des événements masque une réalité moins légendaire, puisque sur les 1 300 [illegible] de l'Alcazar, moins d'une [illegible] étaient [illegible]. Beaucoup étaient [illegible] au moment des faits. [illegible] son objectif premier, qui n'est autre que Madrid, Franco se porte au secours des assiégés et les libère le 28 septembre 1936. Encore aujourd'hui, les murs criblés de balles témoignent de ce violent épisode de la guerre.

Photo prise lors du siège de l'Alcazar.

Violences, répressions et exterminations

Plus qu'un conflit entre deux partis opposés, la guerre d'Espagne voit s'affronter de multiples courants idéologiques dont l'aveuglement dogmatique a conduit aux pires atrocités. Dès les premières semaines, de nombreuses exécutions sommaires sont à déplorer dans chaque camp : des personnalités, comme le poète Frederico García Lorca (1898-1936) et José Antonio Prima de Rivera, sont assassinées, respectivement par les rebelles et les républicains. Environ 5 000 personnes sont massacrées par les nationaux à Badajoz, tandis qu'à Madrid des bandes de miliciens républicains sèment la terreur. Un chef rebelle expose dans les rues de Séville les corps des 9 000 victimes tuées à la suite d'une révolte ouvrière. Près de 7 000 membres du clergé sont également exécutés par les rouges, qui multiplient pillages et actes de vandalisme. Ces crimes, sur lesquels les dirigeants sont peu regardants dans un premier temps, ont un impact psychologique fort sur leur adversaire, et nourrissent la propagande des deux camps. On estime que les répressions ont fait pas moins de 60 000 victimes de part et d'autre.

LES FORCES EN PRÉSENCE

L'unité de l'armée franquiste

Chaque camp aligne près d'un million d'hommes au plus fort du conflit, mais ce qui différencie d'emblée les républicains des nationaux est l'organisation interne. Les uns sont commandés par le *Caudillo*, chef unique et autoritaire aux pleins pouvoirs, qui fait fusionner en avril 1937 les différentes mouvances de ses partisans – extrême droite fascisante, monarchistes, droite conservatrice et traditionaliste – en un parti unique, la Phalange espagnole traditionaliste. Ils comptent dans leurs rangs un bon nombre de militaires professionnels, dont les troupes d'élite de la Légion, les redoutables *regulares* (comprenant l'infanterie et la cavalerie recrutées au Maroc espagnol) ainsi que des miliciens volontaires tels que les 8 000 car-listes (monarchistes défenseurs de l'ordre traditionnel) de Navarre, également appelés requetés.

Une armée républicaine en proie aux divisions

À l'inverse, l'armée républicaine est dirigée par des civils qui sont, pour la plupart, en désaccord sur la tactique à adopter et les objectifs à remplir : alors que les anarchistes et le POUM se prononcent pour une révolution radicale, les socialistes et surtout le PCE prônent l'ordre, de manière à mener une guerre efficace, quitte à s'allier aux partis bourgeois pour y parvenir. À partir de 1937, l'armée républicaine parvient toutefois à instaurer une certaine discipline grâce à Indalecio Prieto (1883-1962), socialiste modéré et ministre de la Défense du Gouvernement Negrín, qui militarise et encadre les milices jusque-là relativement autonomes. Celles-ci constituent l'essentiel des forces républicaines, avec les militaires restés fidèles au régime et les Brigades internationales.

LES BRIGADES INTERNATIONALES

Créées à l'instigation de Moscou, les Brigades internationales rassemblent des volontaires étrangers venus combattre aux côtés des républicains. 42 000 brigadistes, dont 10 000 Français et 2 800 Américains, pour la plupart ouvriers et parmi lesquels on compte jusqu'à 80 % de communistes, se succèdent de septembre 1936 à leur dissolution en octobre 1938. L'objectif de ces troupes d'élite, dont 5 000 hommes meurent au combat, est moins de secourir la République espagnole que de combattre le fascisme.

Aspects socio-économiques

Les territoires restés républicains sont essentiellement des zones urbaines et industrielles, qui sont aussi les plus densément peuplées : les 3/5 de la population se trouvent en zone républicaine, pour une surface à peu près égale à la zone nationale. Cette dernière occupe la majorité des terres agricoles, ce qui assure le ravitaillement des franquistes tout au long du conflit. En revanche, la pénurie menace rapidement les républicains, qui doivent instaurer un système de rationnement. Les conditions de vie sont difficiles, d'autant qu'il faut accueillir plusieurs centaines de milliers de réfugiés fuyant les nationaux.

UNE DIMENSION INTERNATIONALE

La « guerre des écrivains »

« Je suis convaincu que les grandes manœuvres du monde contre la liberté viennent de commencer », déclare peu après le putsch André Malraux (1901-1976), l'un des nombreux artistes et écrivains pour qui la guerre d'Espagne est l'occasion de mener un combat idéologique contre la dérive totalitaire de l'Europe (Sanz De Soto (Emilio), « Les écrivains et la guerre d'Espagne », in *Le Monde diplomatique*, n° 517, avril 1997, p. 26-27). Le conflit est également évoqué par Ernest Hemingway (1899-1961) dans *Pour qui sonne le glas* (1940), et voit l'engagement de George Orwell (1903-1950), qui relate les années de guerre dans son livre *Hommage à la Catalogne* (1938), ou encore celui de Stephen Spender (1909-1995). À l'opposé, les franquistes reçoivent le soutien d'écrivains comme Robert Brasillach (1909-1945), qui publie en 1939 son *Histoire de la guerre d'Espagne*, ou Paul Claudel (1868-1955), qui compose une ode à Franco.

L'URSS et l'Internationale communiste aux côtés des républicains

La révolution espagnole n'a pas été voulue par Staline. Elle éclate alors que l'URSS, craignant la montée en puissance du nazisme, tâche de se rapprocher des démocraties occidentales. Pour ne pas effaroucher ces dernières en encourageant la révolution, Staline axe son intervention sur le combat antifasciste. C'est pourquoi il recommande à l'Internationale communiste de prendre en main le camp républicain à travers le PCE, dont les effectifs croissent rapidement pendant la guerre jusqu'à compter 380 000 membres à l'été 1937, pour sauvegarder les institutions et jouer le jeu de la légalité, ce qui implique de mater les velléités trop révolutionnaires des anarchistes.

L'URSS fournit aux républicains près de 1 000 avions, 15 000 mitrailleuses et 350 chars. Staline facture 800 millions aux républicains, et se paie directement en puisant dans les 457 tonnes d'or espagnol mis à l'abri au Kremlin par Juan Negrín.

L'Allemagne et l'Italie aux côtés des nationaux

Au lendemain du putsch, Franco envoie des émissaires à Hitler et à Mussolini pour les convaincre de lui prêter assistance. Hitler, pour qui l'Espagne est secondaire dans ses visées stratégiques, commence par hésiter, puis y voit l'occasion d'une alliance de revers contre la France et l'Angleterre. Outre une aide logistique, il envoie sur toute la durée de la guerre des centaines de pièces de DCA (Défense contre les avions) et autres canons, plus de 600 avions, dont 92 de la légion Condor – également composée d'un bataillon de chars *Panzer* – sous commandement allemand, et un total de 16 500 hommes. Il exige en retour la livraison régulière de minerais et de matières premières. Séduit par la politique fascisante de Franco et une potentielle alliance avec une nation méditerranéenne qui pourrait contribuer à la restauration de l'Empire romain, Mussolini s'engage davantage qu'Hitler et Staline. Il fournit des sous-marins, des navires, plus de 700 avions, 150 chars et de l'infanterie en nombre : ce sont 75 000 soldats italiens qui se succèdent pendant la guerre, au cours de laquelle

4 300 hommes trouvent la mort. En outre, Hitler et Mussolini, qui prêtent à Franco 560 millions de dollars, lui accordent des crédits très favorables et iront même jusqu'à réduire sa dette dès la fin de la guerre.

La non-intervention des démocraties occidentales

Le Front populaire demande quant à lui de l'aide à son homologue français. Léon Blum (1872-1950), chef du groupe du Front populaire français, y répond dans un premier temps favorablement, mais a tout juste le temps d'envoyer quelques avions avant que, sous la pression de la droite et de la Grande-Bretagne, il ne finisse par se rétracter et par rejeter toute intervention. Les Britanniques, ne voyant pas en Franco une menace pour leurs intérêts, et par ailleurs fervents anti-communistes, refusent de participer au conflit. Les deux démocraties élaborent alors le concept de non-intervention, que l'Allemagne, l'Italie et l'URSS signent également mais dont elles ne tiennent finalement pas compte. Quant aux États-Unis, outre une certaine indifférence due à leur politique isolationniste, ils sont divisés entre conservateurs et démocrates.

LE DÉROULEMENT DE LA GUERRE

La bataille de Madrid : *¡No pasarán!*

Au cours de l'hiver 1936-1937, les nationaux et leurs alliés italiens tentent à trois reprises de briser la défense de Madrid. À chaque fois, les républicains tiennent bon et contre-attaquent, jusqu'à ce que les nationaux, définitivement battus le 18 mars 1937, renoncent à prendre la ville. Cette bataille, symbolisée par le *¡No pasarán!* (« Ils ne passeront pas ! ») prononcé par la dirigeante du parti communiste basque Dolores Ibárruri (1895-1989) dite la *Pasionaria* (« combattante »), devient le grand mythe républicain de la guerre.

Photo prise à Madrid durant la guerre. On y voit une banderole sur laquelle est notée le *¡No pasarán!* prononcé par la Pasionaria.

La campagne du Nord

Devant la résistance de Madrid, Franco décide de s'attaquer aux zones républicaines du nord. C'est au cours de cette campagne qu'a lieu sur la ville basque Guernica l'un des premiers bombardements aériens systématiques qui caractériseront les guerres modernes par la suite, et qu'est mise au point la tactique du soutien aérien aux forces d'infanterie. Elle permet aux nationaux de briser la ceinture de fer, le système de défense formé de tunnels et de bunkers de la ville de Bilbao, et de soumettre la totalité du Pays basque en août 1937. Les Asturies tombent deux mois plus tard.

Les événements de mai : une guerre civile dans la guerre civile

Dans le camp républicain, l'opposition entre les anarchistes du CNT et les marxistes du POUM d'une part, entre le gouvernement et les communistes – PCE et son antenne catalane, le PSUC – d'autre part, atteint son paroxysme en mai 1937. Une semaine durant, les deux mouvements s'affrontent dans les rues de Barcelone. Les combats font 400 victimes et 1 000 blessés, et les communistes parviennent à mettre un terme au POUM, assimilé par Staline à la dissidence trotskiste. Son chef, Andreu Nin, est assassiné par les services communistes. Ces événements ébranlent fortement le camp républicain.

Dernières batailles

Fin décembre 1937, les républicains tentent une percée à Teruel (Aragon). Ils s'emparent de la ville, mais ne parviennent pas à la conserver. Au printemps 1938, ils engagent 800 000 hommes dans une offensive de grande ampleur sur les rives de l'Èbre. Si la manœuvre s'avère d'abord être un succès, il ne faudra pas plus de trois mois de violents combats pour que les nationaux reprennent l'avantage. En effet, bien que l'armée républicaine semble assez efficace dans la défense, elle l'est en revanche beaucoup moins lors des contre-offensives.

La fin de la guerre

Malgré la situation critique dans laquelle se trouvent les républicains, Juan Negrín continue à prôner la résistance à tout prix afin de faire durer le conflit le plus longtemps possible et dans l'espérance que, si la guerre venait à éclater en Europe, la France viendrait combattre le fascisme à leurs côtés. Franco, qui souhaite éradiquer méthodiquement toute résistance, ne se hâte pas non plus d'en finir, d'autant qu'Hitler l'encourage en ce sens : celui-ci profite en effet de la diversion que lui procure le conflit espagnol pour mener sa politique d'annexion en Europe centrale. Mais la victoire du *Caudillo* est inévitable : Barcelone tombe en janvier 1939, Madrid et Valence en mars. Le 1er avril 1939, Franco annonce la fin de la guerre. Celle-ci aura coûté la vie à 140 000 combattants, auxquels il faut ajouter les 10 000 civils morts lors des bombardements et les quelque 120 000 victimes des répressions.

RÉPERCUSSIONS

LES CONSÉQUENCES DIRECTES DE LA GUERRE

La poursuite de la répression

Décidé à ne rien pardonner et à éradiquer toute menace, Franco poursuit la répression une fois la victoire acquise, proclamant la loi martiale qui ne sera relevée qu'en 1948. Environ 30 000 personnes sont exécutées au cours des années qui suivent la fin du conflit, et les prisons comptent encore 250 000 prisonniers en 1940. Ces derniers sont peu à peu libérés à mesure que sont promulguées les lois d'amnistie. Cinq ans plus tard, on ne compte plus que 44 000 prisonniers.

La loi de 1939 sur les responsabilités politiques condamne toute personne ayant collaboré avec la Seconde République depuis 1936 et même dans certains cas depuis 1934. Il faut attendre 1966 pour qu'elle soit abrogée. Les francs-maçons, accusés de comploter contre les intérêts de l'Espagne depuis le XIXe siècle, sont persécutés et le communisme est interdit.

EL VALLE DE LOS CAÍDOS

La « vallée de ceux qui sont tombés » est le nom donné au plus grand monument élevé à la mémoire de tous les morts de la guerre civile. Érigé à partir de 1940, en partie par des prisonniers politiques volontaires, et inauguré en 1959, il sert la propagande franquiste : outre le fait que le tombeau de José Antonio Primo de Rivera soit placé en position centrale, en face de la place que le *Caudillo* se réserve pour lui-même, le monument permet à Franco de se présenter comme le grand réconciliateur des deux Espagne. On y trouve donc des ossements de dizaines de milliers de victimes issues des deux camps qui ont parfois été placés là sans avoir reçu au préalable le consentement de leur famille. Depuis quelques années, plusieurs politiques se battent pour que soient déplacés les restes de Franco dans un endroit qui s'y prêterait mieux par respect pour les hommes et les femmes tombés pendant la guerre.

Photo représentant la vallée de ceux qui sont tombés.

Un exode massif et une économie malmenée

La fin de la guerre déclenche un exode massif des républicains et de ceux qui craignent des représailles : ils sont 440 000 à passer en France au printemps 1939, où ils sont entassés dans des camps de fortune surveillés par l'armée française ; et même si la plupart d'entre eux retournent dans leur pays, on estime que 162 000 personnes ont définitivement émigré. Certains s'exilent en Amérique latine, et seuls les cadres du PCE sont accueillis par l'URSS. À cela s'ajoutent les 200 000 victimes de pénurie et de maladies qui suivent l'immédiat après-guerre.

La guerre et les tentatives de révolution de la zone républicaine ont mis à mal l'économie du pays, mais dans des proportions relativement supportables : en 1940, les productions agricole et industrielle sont respectivement de 25 % à 15 % inférieures à celles de 1935, et le PIB a diminué de 15 % par rapport à celui d'avant-guerre. Ce n'est qu'en 1954 que le niveau de production global retrouve celui de 1936, la période la plus difficile étant 1940-1945.

DES RÉPERCUSSIONS INTERNATIONALES LIMITÉES

La guerre d'Espagne : la répétition générale de la Seconde Guerre mondiale ?

Plusieurs aspects de la guerre d'Espagne poussent certains historiens à la considérer comme un laboratoire ou un prélude à la Seconde Guerre mondiale. Outre le fait qu'il s'agisse d'un conflit essentiellement idéologique, au cours duquel s'affrontent indirectement les communistes et les nazis, c'est l'occasion pour les belligérants, notamment les Allemands, de tester un matériel nouveau et de mettre en place de nouvelles tactiques militaires (bombardements massifs, appui aérien des troupes au sol, etc.). Pour d'autres, cela reste sans commune mesure avec ce qui surviendra par la suite, d'autant plus que Franco s'abstient de toute collaboration avec les puissances de l'Axe (Allemagne et Italie) pendant le conflit mondial. Il n'en reste pas moins que la guerre civile espagnole marque une étape majeure dans l'évolution des conflits modernes.

LA GUERRE D'ESPAGNE AUJOURD'HUI

Sous la dictature de Franco, la guerre civile est un sujet tabou dans de nombreuses familles, qui ont bien souvent été déchirées par le conflit. Officiellement, seule la version franquiste est autorisée. Lors de la transition démocratique (1975-1982) qui aboutit à l'actuelle monarchie constitutionnelle, des voix dissidentes – ou peut-être simplement objectives – ont commencé à s'exprimer, mais la société convient tacitement « d'éviter les thèmes [...] de la guerre civile dans la vie politique et publique » (PAYNE (Stanley), *La guerre d'Espagne*, Paris, Cerf, 2011, p. 549). La situation change dans les années quatre-vingt-dix au cours desquelles les références politiques à la guerre civile deviennent de plus en plus nombreuses, surtout de la part de la gauche. C'est dans ce contexte qu'apparaissent les mouvements, comme l'Association pour la récupération de la mémoire historique (ARMH), créée en 2000 à l'occasion de la découverte d'un charnier dans la province de León, qui proposent aux familles de les aider à identifier et à récupérer les restes de leurs parents assassinés. Enfin, la loi sur la mémoire historique votée en 2007 permet aux descendants des victimes du franquisme d'adopter la nationalité espagnole.

EN RÉSUMÉ

14 avr. 1931	Proclamation de la Seconde République
13 juill. 1936	Assassinat de José Calvo Sotelo
17-18 juill. 1936	Coup d'État qui provoque la guerre civile
Nov. 1936-mars 1937	Bataille de Madrid
Mars-oct. 1937	Campagne du Nord
Déc. 1937-fév. 1938	Bataille de Terruel
Juill.-nov. 1938	Bataille de l'Èbre
1er avr. 1939	Fin de la guerre civile
1939-1973	Dictacture de Franco
Années 1990	Mise en place d'actions telles que l'ARMH

- Au cours de la Seconde République espagnole (1931-1936), la droite – formée par les conservateurs catholiques républicains, les monarchistes et les fascistes – et la gauche – les réformistes républicains, les socialistes, les communistes et les anarchistes – se radicalisent suite à l'intensification des tensions internes et à la montée des totalitarismes en Europe.

- Le 18 juillet 1936, l'échec relatif du *pronunciamento* (coup d'État) d'une partie de l'armée déclenche la guerre civile.

- Au début de la guerre, les forces des nationaux ou franquistes – union de la droite – et des républicains – union de la gauche – sont à peu près équilibrées du point de vue du territoire, de la population et de l'armement.

- Le camp national est uni sous le commandement de Francisco Franco alors que le camp républicain est divisé.

- Les tensions internes qui agitent le clan des républicains entraînent plusieurs affrontements armés, opposant principalement communistes pro-staliniens et antistaliniens ou anarchistes.

- Quatre grands épisodes structurent la guerre : la bataille de Madrid (novembre 1936-mars 1937), la campagne du Nord (mars-octobre 1937), la bataille de Teruel (décembre 1937-février 1938) et la bataille de l'Èbre (juillet-novembre 1938).

- Chaque camp exerce une répression d'une violence extrême sur leurs adversaires.

- Les nationaux reçoivent de l'aide de Mussolini et d'Hitler ; les républicains de l'URSS, en proportion similaire.

- Les démocraties occidentales – France, Grande-Bretagne et États-Unis – refusent de s'engager et élaborent le pacte de non-intervention.

- La guerre s'achève le 1er avril 1939 par la victoire des franquistes. Elle aura provoqué la mort de plus de 300 000 personnes.

- Malgré le nombre élevé de victimes, Franco poursuit la répression afin d'éradiquer toute menace. Il instaure un régime dictatorial, qui s'achève en 1973, ainsi que la loi martiale qui perdure jusqu'en 1948.

POUR ALLER PLUS LOIN

SOURCES BIBLIOGRAPHIQUES

- BEEVOR (Antony), *La guerre d'Espagne*, Paris, Calmann-Lévy, 2006.
- BENET (Juan), *La sombra de la guerra. Escritos sobre la Guerra Civil española*, Madrid, Taurus, 1999.
- BENNASSAR (Bartolomé), *La guerre d'Espagne et ses lendemains*, Paris, Perrin, 2004.
- DEL CASTILLO (Michel), *Dictionnaire amoureux de l'Espagne*, Paris, Plon, 2005.
- GODICHEAU (François), *La guerre d'Espagne. De la démocratie à la dictature*, Paris, Découvertes Gallimard, 2006.
- HERMET (Guy), *La guerre d'Espagne*, Paris, Seuil, 1989.
- « L'Espagne, toujours face à l'épineuse question de la tombe de Franco », in *Le Parisien*, 20 novembre 2013.
- LUIS (Jean-Philippe), *La guerre d'Espagne*, Toulouse, Milan, 2002.
- PAYNE (Stanley), *La guerre d'Espagne. L'histoire face à la confusion mémorielle*, Paris, Cerf, 2011.
- PERNOT (Maurice), « La guerre d'Espagne et la paix de l'Europe », in *Politique étrangère*, n° 4, 1937, p. 301-311.
- SAN DE SOTO (Emilio), « Les écrivains et la guerre d'Espagne », in *Le Monde diplomatique*, n° 517, avril 1997.
- THOMAS (Hugh), *La guerre d'Espagne*, Paris, Robert Laffont, 2004.
- VILAR (Pierre), *Histoire de l'Espagne*, Paris, Presses universitaires de France, 2009.

SOURCES ICONOGRAPHIQUES

- Photo prise lors du siège de l'Alcazar. La photo reproduite est réputée libre de droits.

- Photo prise à Madrid durant la guerre. On y voit une banderole sur laquelle est notée le *¡No pasarán!* prononcé par la Pasionaria. La photo reproduite est réputée libre de droits.
- Photo représentant la vallée de ceux qui sont tombés. La photo reproduite est réputée libre de droits.

DOCUMENTAIRES

- *18 juillet 1936. La Guerre d'Espagne, prélude à la tragédie*, documentaire de Gilles Delannoy et Jean-Claude Dassier, France, 1986.
- *Espagne 1936-1939*, documentaire de Leonardo Tiberi, Barcelone, 2004.
- *Mourir à Madrid*, documentaire de Frédéric Rossif, France, 1963.

MUSÉES ET LIEU COMMÉMORATIFS

- *El Valle de los Caídos*, San Lorenzo de El Escorial à Madrid.
- Musée mémorial de l'Exil (MUME), La Jonquera en Catalogne.
- Musée-refuge de la guerre civile, Carthagène à Murcie.

50MINUTES

Art & Littérature

Business & Economics

Histoire & Société

SOYEZ LÀ
OÙ ON NE VOUS ATTEND PAS !

www.50minutes.com

www.50minutes.com

Éditeur responsable : Lemaitre Publishing
Rue Lemaitre 6 | BE-5000 Namur
info@lemaitre-editions.com

ISBN ebook : 978-2-8062-6374-2
ISBN papier : 978-2-8062-6375-9
Dépôt légal : D/2015/12603/159
Photo de couverture : réputée libre de droits.

Conception numérique : Primento,
le partenaire numérique des éditeurs

Made in the USA
Monee, IL
07 July 2026

56545973R00022